RAFAEL PARDO

ESPIRITUALIDADE PARA COMBATER A DEPRESSÃO

EDITORA
SANTUÁRIO

TRADUÇÃO: Pe. José Luís Queimado, C.Ss.R.

COORDENAÇÃO EDITORIAL: Ana Lúcia de Castro Leite

REVISÃO: Sofia Machado

DIAGRAMAÇÃO: Bruno Olivoto

CAPA: Mauricio Pereira

Título original: *Espiritualidad para la depresión*
Rafael Pardo Fernández

Henao, 6-48009 Bilbao, España

Dados Internacionais de Catalogação na Publicação (CIP)
de acordo com ISBD

P226e Pardo, Rafael

Espiritualidade para combater a depressão / Rafael Pardo; traduzido por José Luís Queimado. - Aparecida : Editora Santuário, 2022.
80 p. ; 14cm x 21cm.

Tradução de: Espiritualidad para la depresión, Editorial Descleé De Brower, Bilbao, 2021
Inclui índice.
ISBN: 978-65-5527-175-1

1. Religião. 2. Cristianismo. 3. Espiritualidade. 4. Depressão. I. Título.

2022-400 CDD 240
CDU 24

Elaborado por Vagner Rodolfo da Silva - CRB-8/9410

Índice para catálogo sistemático:
1. Religião : Cristianismo 240
2. Religião : Cristianismo 24

1ª impressão

Rua Pe. Claro Monteiro, 342 – 12570-000 – Aparecida-SP
Tel.: 12 3104-2000 – Televendas: 0800 0 16 00 04
www.editorasantuario.com.br
vendas@editorasantuario.com.br

"E quando todas as coisas lhe tiverem sido submetidas, então o próprio Filho se sujeitará Àquele que tudo lhe sujeitou, para que Deus seja tudo em todos."

(1Cor 15,28)

INTRODUÇÃO

Muitas pessoas que sofrem de depressão, infelizmente, não encontram a devida compreensão dos guias espirituais, que desconhecem noções básicas de psicologia.

Este livro pretende unir a leitura orante do Evangelho com a Terapia de Aceitação e Compromisso (ACT, em inglês), que tem se mostrado uma ferramenta poderosa na terapia antidepressiva.

Dessa maneira, a espiritualidade e a psicologia se dão as mãos em vista de um conhecimento mais integral da pessoa e mais certeiro, para ajudar nos processos depressivos.

É possível que apenas aqueles que estiverem vivendo a depressão sejam capazes de bem compreender as páginas que se seguem ou que realmente deixem tocar seu coração. Mas acredito que este livro também possa servir para os familiares e amigos de alguém que esteja padecendo desse processo emocional, visto ser frequente a repetição de frases prontas de efeito e falas infelizes que, longe de ajudar, trazem ainda mais sofrimento às pessoas depressivas. Explicaremos de que natureza são essas frases e por que elas acrescentam sofrimento.

1 COMPAIXÃO CONSIGO MESMO

Você não é culpado

Não sinta vergonha de sofrer de depressão. Você não tem culpa disso, ainda que alguns amigos, bem-intencionados, familiares e entes queridos sugiram isso, quando dizem: "Resolva as coisas de outra maneira", "Pense o que levou você a essa situação", "Você tem de fazer sua parte". Ainda que queiram consolá-lo, acabam trazendo a ideia perversa de que "você deve ter feito alguma coisa para que estivesse assim tão mal". Plantando essa noção falsa em seu coração, você acrescenta sofrimento aos pesos da depressão, já que, além de se sentir mal, vai se sentir culpado por tudo isso. Inclusive, guias espirituais podem levar você a pensar que um cristão deve sentir-se alegre todo o tempo, que a depressão é produto do pecado e que você precisa se converter ou mudar de vida.

A mensagem que tentarão passar-lhe baseia-se em três erros:

1. Se você está deprimido, não é como os demais, não é normal.
2. Deveria provar que você é normal eliminando sua tristeza e sendo feliz "como todo mundo".
3. Deve ter um problema terrível, se não é capaz de controlar seu estado de ânimo e sua força de vontade. Precisa analisar de onde vem essa fraqueza pessoal.

Defenda-se dessas ideias cruéis com a Bíblia em mãos. Muitos profetas e santos bíblicos sofreram com a depressão e não tinham feito nada de errado. Desejaram a morte, mas nem por isso deixaram de ser pessoas de espiritualidade e amigas de Deus. A Bíblia nos diz que Moisés teve de sofrer por culpa deles, pois amargaram seu espírito e ele acabou sendo precipitado no falar (cf. Sl 105/106, v. 32-33).

Eles foram queixar-se a Deus com amargura. Dessa forma, o justo Tobit pôs-se a chorar e rezou a Deus: "Mais me valeria morrer do que viver, porque caçoam de mim sem motivos e uma profunda tristeza me invade (...) Melhor é morrer do que viver em tamanha miséria e escutar tantos insultos" (Tb3,6). Sara também orou a Deus depois de ter sido insultada por sua serva: "Fazei-me desaparecer da face da terra para não suportar mais injúrias (...) Para que continuar vivendo?" (Tb 3,13.15). A Bíblia nos conta também o caso de Ana, que depois de receber, anos a fio, provocações e humilhações por ser estéril, chorava desconsoladamente e não comia (cf. 1Sm 1,4-8).

Tobit, Sara e Ana não haviam feito nada de mal. Não tinham de mudar nada na vida deles. Simplesmente sofreram de uma depressão profunda e clamaram a Deus com todas as suas forças.

Escutemos a este outro profeta bíblico que sofreu de depressão. Jeremias que confessou: "Ando entristecido, uma presa do pânico (Jr 8,21). Maldito o dia em que nasci" (Jr 20,14). O profeta Elias, por sua vez, também sofreu as amarguras de seu ministério e implorou a morte, dizendo: "Basta! Já é demais para mim, Senhor" (1Rs 19,4). E também somos informados de que "o justo Ló, acusado pela conduta libertina dos corruptos, sentia seu reto espírito se despedaçar" (cf. 2Pd 2,7-8).

Nem Jeremias, Elias ou Ló haviam feito nada de mal; não tinham de mudar ou revisar nada na vida deles. Simplesmente, estavam cansados.

Até mesmo o maior exemplo de paciência, como foi o santo Jó, perdeu a serenidade quando seus amigos tentaram insinuar que seu sofrimento era um castigo por alguma culpa, a consequência de um malfeito ou um mau pensamento. Então foi quando "Jó abriu a boca e amaldiçoou assim seu dia: morra o dia em que nasci" (Jó 3,3).

Pensemos bem: nenhum desses patriarcas bíblicos havia feito nada de reprovável, tampouco eram pessoas fracas. Sofreram e, em determinado momento, sentiram que a vida os sobrecarregava demasiadamente.

Você não é culpado por sua depressão.

Você não tem de demonstrar poder

"Se você é mesmo o Filho de Deus, desça da cruz" (Mt 27,40). Assim desafiaram e insultaram o próprio Cristo.

Aqueles que o provocavam tentavam transmitir esta ideia nefasta: "Se fosse poderoso e inteligente, não estaria em uma cruz. Se fosse bom e amado por Deus, não padeceria esse tipo de morte. Se está na cruz é porque merece, porque é mau e fraco. Faça coisas espetaculares, como livrar-se do suplício, e aí então o adoraremos, porque queremos apenas líderes poderosos".

Dentro do deserto, que é a depressão, tentarão passar este entendimento maldoso: "Se você fosse poderoso e inteligente, não estaria com uma depressão. Demonstre que é digno de confiança e desça da cruz, porque somente os frágeis e os melancólicos terminam em depressão. Faça coisas incríveis que demonstrem seu valor, mas não espere que pensemos em você e o levemos a sério, ao menos enquanto estiver em uma cruz, na depressão, fraco e enfermo, triste e pesaroso. Não seguimos líderes frouxos".

Lembre quais são os três erros que tentarão colocar em sua cabeça e gravar em sua mente, para que possa descartá-los no mesmo instante em que lhe sugerirem:

1. Se você está deprimido, não é como os demais, não é normal.
2. Deveria provar que você é normal eliminando sua tristeza e sendo feliz "como todo mundo".
3. Deve ter um problema terrível, se não é capaz de controlar seu estado de ânimo e sua força de vontade. Precisa analisar de onde vem essa fraqueza pessoal.

Essa é e tem sido a tentação diabólica por excelência. Somente há valor quando se tem algo. Apenas impressiona se for capaz de destruir ou submeter. Percebe-se que há cristãos que veneram uma cátedra papal ou episcopal, mas desprezam um enfermo mental ou alguém que sofre emocionalmente, uma pessoa que padece de depressão ou um pobre. Veneram grupos eclesiais, cheios de fausto e poder, mas menosprezam os marginalizados. Ainda existem cristãos que pensam que Deus está nas pompas magníficas, no poder e na influência. Ainda que falem de humildade, ignoram aqueles que estão na cruz e nada possuem para ostentar, a não ser sua própria dor.

Não se esforce em demonstrar nada a ninguém nesses momentos. Escute sua dor: essa depressão é sua própria consciência que tenta falar com você, que tenta fazer você prestar atenção em si mesmo, e deixe de olhar apenas para os demais. Ainda que afirmem que você não vale nada enquanto não demonstrar domínio e autoridade, volte-se para dentro de si mesmo para abraçar a si e buscar serenidade.

Você não tem de demonstrar poder.

Deixe-se amar

Você se sente como aquele homem que descia de Jerusalém para Jericó, e que foi agredido por bandidos a pauladas (Lc 10,30ss). Foi abandonado despido e quase morto. Assim a vida deixou você, assim as circunstâncias difíceis e os sofrimentos recentes têm feito com você. Nu e quase morto.

À tamanha desgraça, acrescenta-se uma outra: a experiência de ser esquecido ou ignorado por conhecidos e amigos. Certamente, você já deve ter experimentado isso. Como o sacerdote e o escriba, que deram uma volta para não toparem com aquele que estava na desgraça, outros têm cortado volta para não se encontrarem com você. Isso cria em seu interior sentimentos de humilhação, indignação, ira e ressentimento. Jesus experimentou uma solidão semelhante, já que o Evangelho nos conta que “todos os seus conhecidos estavam assistindo a distância em seu momento de infortúnio” (Lc 23,49).

Talvez tudo isso tenha levado você a se fechar a qualquer sinal de amor; olhando-o com desconfiança. E, dessa maneira, não percebe que existem bons samaritanos oferecendo o óleo do consolo e o vinho da esperança.

Que sua infelicidade não produza desaforo e hostilidade contra tudo e todos. Ame-se e aceite a ajuda dos bons samaritanos, que têm permanecido a seu lado e que, com carinho, têm lhe oferecido a mão para que se levante, para que retorne a sua dignidade. Não se feche à experiência do amor, porque somente o carinho verdadeiro é aquilo que nos pode curar das cruéis feridas, que a vida e as decepções deixam em nós.

Jesus é o Bom Samaritano. Ele não vai desviar de ninguém. Deixe-se amar.

Recorra somente a Ele

Abandone essas vozes que lhe sugerem a culpa. Deixe de lado essas vozes que convidam você a demonstrar poder.

Recorra somente a Ele: “Vinde a mim vós todos que estais cansados e sobrecarregados, e eu os aliviarei” (Mt 11,28). Jesus não quer condená-lo, nem vai insinuar que tem depressão por isso ou por aquilo, nem vai insultá-lo, muito menos chamá-lo de fraco. Ele sabe que nós nos cansamos e nos esgotamos na caminhada da vida. Ele quer somente nos aliviar.

Você é sempre bem-vindo no coração de Jesus. Reclina a cabeça em seu peito como o apóstolo João o fez na Última Ceia, enquanto todos falavam. Jesus vai lhe dar alívio porque há rasgões do coração, que nem a agulha da psiquiatria ou da psicologia consegue remendar. Somente Ele pode.

Deixe de lado a ruminação, a autorrejeição e a culpabilidade. Jesus não quer nenhuma dessas coisas. Respire e sinta essa respiração surgindo em seu abdômen. Encoste seu ouvido no peito do Senhor. Escute sua Palavra. Descanse na força dele. Abra suas mãos e deixe que Ele entrelace com as dele. Você vai encontrar alívio, como aquela hemorroíssa, que sentia sua vida escapando-lhe aos borbotões; sua felicidade também escapa e não pode deter o fluxo. Toque-o, pois uma força sai dele (Mc 5,30).

Deixe de mendigar amor de quem não merece você e acolha o amor de Alguém que lhe oferece algo autêntico e verdadeiro. Muitos tentarão fazê-lo acreditar o seguinte: "Você é um perdedor. Está destinado a fracassar nas coisas da vida que lhe são importantes. Os erros que comete na vida são imperdoáveis. Tem tantas falhas que ninguém será capaz de amá-lo. Ainda que tenha sucesso em algo da vida, será por casualidade, e com o tempo as pessoas verão que foi um engano. Você tem de descobrir o que vai mal em seu interior e consertá-lo. Outras pessoas são felizes e você não".

Já ouviu esse discurso? As pessoas a seu redor já lhe disseram isso de maneira velada?

Jesus não condena. Não considera você um perdedor nem o obriga a demonstrar que você é digno de ser amado.

Recorra somente a Ele.

Fora do Jogo

Sua depressão faz você se sentir fora do jogo? Todos os demais parecem seguir as regras e as convenções, estão jogando a partida e o deixaram no banco de reservas. Se cai uma árvore, todos se afastam. Poucos são os que se oferecem para amortecer a queda.

Quando o evangelista Marcos nos descreve a angústia que Jesus sofreu no Getsêmani, emprega um verbo estranho em grego: "*ademonein*", uma palavra de etimologia confusa que pode relacionar-se com "*ademos*", isto é, "*fora de casa*". Jesus foi para longe da casa do Pai ao se encarnar no meio de nós e, finalmente, teve de se afastar de seus discípulos mais íntimos para sofrer a solidão total e absoluta no Horto das Oliveiras. O evangelista Marcos pormenoriza, laconicamente, o sentimento de Jesus: "Começou a sentir pavor e angústia" (Mc 14,33).

Já conhecemos o restante da história. Eles o abandonaram. Em sua depressão, seguramente já tenha sofrido a experiência de haver sido abandonado por alguns que você considerava amigos. Jesus passou pelo mesmo, por isso Ele o compreende perfeitamente.

Você tem de saber que muitos cristãos consideravam esse sofrimento demasiadamente humilhante. Cristãos que adoram o poder e que não suportam a imagem de um Deus que se rebaixa, suprimiram alguns versículos em seus manuscritos quando, no Getsêmani, faz-se referência ao suor de sangue. Também encontrará a seu redor cristãos que se afastem de você porque, no fundo, possuem a espiritualidade pagã: adoram o poder, adoram o sol nas alturas, adoram o carvalho forte do bosque, mas não querem saber nada sobre os humildes, os pobres, os necessitados e os marginalizados.

É uma experiência dolorosa que aumenta seu sentimento de estar fora do jogo. Lança sua âncora em Jesus, que sabe o que é passar por tudo isso.

2 COMBATA SUA MENTE REATIVA

Há trigo e joio

Sua mente reativa não suporta desordem, injustiça ou coisas malfeitas. Em resumo, não aceita a realidade. Sua mente reativa entende somente de lógica, e se lhe escapa a dinâmica humana da mentira, da incoerência e do pecado. E sofre.

Entra em depressão quando você se desespera pelo contraste entre seus valores e daqueles que o rodeiam; entre seu idealismo e a realidade do mundo; entre sua vontade de mudar as coisas e a mediocridade dos que preferem o mau conhecido ao bom por conhecer.

Jesus adverte que havia um homem bom que semeou trigo e, sem que ele percebesse, alguém semeou o joio. Os servos queriam arrancar as ervas daninhas, mas aquele homem sábio não permitiu, porque "ao arrancar o joio, poderiam arrancar também o trigo" (Mt 13,29).

Deixe que sua mente sábia reflita sobre essas palavras de Jesus. Não será fácil, pois sua mente reativa vai trazer a seu cérebro todas e cada uma das injustiças que você já sofreu, todas e cada uma das injustiças com as quais consentiram amigos e inimigos.

Assim, pois, respire. Domine sua atenção. Devolva-a à respiração e, dessa maneira, você irá se conectando com o mais íntimo e profundo de seu ser. Com esse ser íntimo em sua mente proativa, sábia. Ela fará com que você se concentre no trigo e nem tanto no joio.

Como posso nascer de novo?

Sua mente, seu coração e seu espírito estão em uma densa neblina. Poderei sair dessa situação? Voltarei a sentir de novo alegria de viver? As coisas que me agradavam anteriormente me interessarão de novo?

Nicodemos fez a mesma pergunta a Jesus: "Como pode um homem, sendo já velho, nascer de novo? Acaso pode voltar ao ventre de sua mãe e nascer de novo?" (Jo 3,4).

Por você mesmo, não é possível. Precisa de ajuda: peça e acolha. Pode ser a ajuda terapêutica, o carinho de seus familiares, o apoio das amizades. Mas é necessário que você morra um pouco em sua depressão para nascer melhor, para nascer de novo. A depressão é um chamado para a mudança: enterre o antigo e retorne ao novo. Falaremos de como realizar essas mudanças mais adiante, de para qual rumo você deve orientar sua vida.

Por ora, você precisa saber que nem a psicologia, nem a psiquiatria possuem a agulha para remendar o rasgão do coração humano. Há somente Alguém que é capaz de costurar seus fios essenciais. Enquanto você não se apoiar nessa roca firme, seu coração não voltará a bater. Você se sente queimado, frustrado, abatido e murcho. Apenas o que nasce de Deus pode nascer de novo. Invoque-o: peça ao Pai, com todas as suas forças, que Ele lhe conceda novamente o pulso da vida; peça ao Filho para que você volte a sentir a alegria da salvação; peça ao Espírito Santo que lhe dê o frescor e o sopro da vida, de uma vida plena e verdadeira. Porque aquela que você possuía até agora estava morta. Não sinta falta dela, faça apenas um lamento e celebre um funeral por ela em seu interior.

Não tenha medo, porque há futuro. Você ainda pode nascer de novo. Ainda mais: você entrou em depressão para que pudesse nascer de novo! Seu corpo lhe pede; sua mente lhe suplica e também seu espírito: uma vida nova, diferente.

Por mais que você se preocupe

Sua mente reativa julga, analisa, prediz, calcula, etiqueta. Isso é muito útil para algumas circunstâncias da vida cotidiana, por exemplo quando você quer fazer uma ultrapassagem com seu carro na rodovia: sua mente reativa alerta você e calcula em milésimos de segundos se terá tempo suficiente para ultrapassar ou não. Ou se quiser fazer um investimento financeiro em algum produto, sua mente reativa julgará a conveniência ou não de assumir o risco.

O problema é quando permitimos que a mente reativa assuma completamente nosso cérebro, nossos sentimentos, nossas emoções e nossas projeções sobre o futuro. Nesses casos, a mente reativa tende a fracassar. Pense, por exemplo, que uma pessoa conhecida viu você na rua e não o cumprimentou. Sua mente reativa analisará a situação e buscará explicações: "Já não lhe agrado", "que mal-educado", "que lhe fiz de mal?" etc. Sua mente reativa não descansará até que encontre a explicação mais convincente. Pode ser que sua mente sábia, que é mais criativa e útil no âmbito emocional, aventará a você que "quem sabe a pessoa não o viu porque estava absorta em um problema pessoal", ou que "estava distraída por uma circunstância que você desconhece e não percebeu sua presença", mas sua mente reativa voltará a julgar, calcular e predizer.

Ela tende também a se equivocar em projeções futuras. Trata de exercer um falso controle para que você sinta segurança por seu futuro, quando, na realidade, você não sabe sequer se vai chegar até ele.

Jesus lhe pede para deter as predições de sua mente reativa, que pretende oferecer-lhe segurança. "Quem de vós, por mais que vos preocupeis, é capaz de acrescentar sequer uma hora à sua vida?" (Mt 6,27). Pode ser que sua mente sábia diga que há muita verdade nessas palavras, mas sua mente reativa se encarregará de assegurar que é melhor prever e calcular o futuro, em vez de ser delirante. É necessário economizar. Há de se trabalhar duro como a formiga. Jesus volta a pedir que você detenha sua mente reativa: "Não andeis preocupados com que ides comer, ou o que ides beber, ou com que vos vestireis (...). Vosso Pai celestial já sabe que tendes necessidade de tudo isso" (Mt 6,31). Talvez, sua mente proativa queira refletir e meditar sobre essas palavras, porque são palavras de Alguém que tem autoridade sobre a vida e a morte, mas sua mente reativa se encarregará de sugerir que essas palavras são ilusórias, insensatas e irracionais.

Você entra em depressão quando permite que sua mente reativa seja aquela que sempre vai explicar tudo, especialmente sobre os acontecimentos passados de sua vida. Você fica obcecado. Começa a ruminar. Pensamentos de todo tipo lhe trazem preocupações.

Respire fundo. Sinta sua respiração ao menos durante dez minutos, observe como entra por suas narinas e expande seu ventre, com um ritmo regular, uma cadência tranquila, como das ondas que vão e vêm, vão e vêm. Se os pensamentos invadem sua mente, deixe-os passar como nuvens em céu limpo, que é você. Sem se tornar impaciente, sem se irritar. Sempre volte a essa experiência de respiração, porque ela ancora você no presente, no aqui e agora. Tire a prova. Sentirá maior claridade mental. Se não está acostumado com esse exercício, notará, no início, como sua mente reativa tenta voltar a reinar em seu cérebro, pois não permitirá que você se submeta tranquilamente ao momento presente, a observar as sensações presentes da respiração atravessando seu corpo. Não suportará e distrairá você com contínuos pensamentos sobre o passado e o futuro. Não lhe dê atenção. Com amabilidade, volte a respirar e a sentir a vida atravessar seu corpo.

Você ganhará muito no âmbito da claridade mental. Sua mente sábia começará a conquistar espaço e você habitará por mais tempo no momento presente. Fazendo dessa forma, desconectará sua mente reativa e, ao cessar todo tipo de juízo e análise, você vai relaxar.

Por mais que você se preocupe, não conseguirá acrescentar nem um minuto a sua vida.

Cure seu olhar

É próprio da depressão o viés da negatividade. Seu ânimo está lá embaixo e sua mente reativa tentará encontrar explicações, juízos e predições. Como você se sente triste, sua mente reativa traz à baila pensamentos tristes do passado que parecem explicar seu momento presente: “Já era assim desde criança, já lhe diziam seus pais, amigos e professores”. Não tem conserto. Está triste e, na realidade, você merece, "porque não vale muito". Sua mente reativa encontrará muitos acontecimentos do passado para confirmar seu pouco valor e explicar sua derrocada atual.

Além do mais, sua mente reativa prenunciará o futuro (ela gosta de prever e julgar), e como você se sente triste, ela vai lhe apresentar um futuro sombrio: "Você nunca vai mudar, nunca vão mudar, tudo será sempre assim, não vale a pena seguir lutando, continuar vivendo etc.".

Sua mente reativa analisa tudo pelo prisma da negatividade, porque agora você se sente triste, e ela gosta de encontrar explicações coerentes em seu passado quando seu ânimo está melancólico e antecipar-se com previsões nebulosas sobre seu futuro, que estejam de acordo com seu ânimo atual sombrio.

Se seu olho está são, seu corpo inteiro terá luz, mas se seu olho está enfermo, seu corpo inteiro estará na escuridão, assim nos ensina Jesus (cf. Mt 6,22-23). Se você permitir que a tristeza obscureça seus olhos, todo o seu corpo ficará doente. E assim já fez anteriormente. A depressão tem afundado você não apenas emocionalmente, mas também fisicamente. É necessário voltar a ter um olhar otimista. Sua mente sábia terá de procurar estratégias para escapar dos vaticínios negativos de sua mente reativa.

Cure seus olhos rezando, passeando na natureza, fazendo coisas positivas, relacionando-se com as pessoas que você ama e nas quais confia, buscando conscientemente tudo o que há de belo, de bom e de verdadeiro a seu redor. Sua mente reativa vai chamá-lo de iludido por tentar, mas, se todos os dias escrever em seu diário três coisas pelas quais você deve agradecer a Deus, verá seu dia com uma perspectiva mais saudável. Descobrirá, mais para frente, que você não tem somente três senão centenas de razões pelas quais agradecer a Deus a cada dia.

Seu olhar vai ser curado. Sua mente vai se convalescer. Seu corpo vai sarar.

Cure seu olhar.

Inquieto e nervoso

Você se torna obcecado em fazer, vive desconectado de seu corpo, não escuta os próprios sintomas, sente-se nervoso, não se detém para refletir, perde apetite e consciência do que está a sua volta, esquece das coisas e realiza outras de forma desleixada.

É o que se chama na psicologia de piloto automático. As tarefas são desempenhadas automaticamente; a impressão é de que se vive pelas circunstâncias e não se tem controle nenhum sobre elas. As motivações e os valores desapareceram; resta apenas a mente em modo de ação automática.

O resultado é a inquietude e o nervosismo. A pessoa fica irritada e irrita os demais. Jesus nos alerta sobre esse mecanismo, com doçura: "Marta, Marta, andas inquieta e preocupada com muitos afazeres, uma só coisa é necessária" (Lc 10,41). Até as obras de caridade se transformam em fazer por fazer, em um piloto automático. Marta realiza uma boa ação (acolher o hóspede), mas está inquieta e nervosa. Estende sua irritação contra a irmã.

A depressão bloqueou você. Era tanta a força do movimento automático que você ainda nota a influência da inércia e quer seguir em frente, mas não consegue. Você se detém. Está na hora de renovar as motivações mais profundas de seu coração para que suas ações criem sentido para você e para os demais. Está com uma pessoa querida e não aproveita o momento porque sua mente está pensando na próxima tarefa a fazer. Está trabalhando e não consegue se concentrar, porque sua mente pensa constantemente no que vem depois, no que está ao lado, em cima ou debaixo. Sempre lá na frente, sempre depois, sempre ao lado, sempre a ação.

Renove suas motivações. Seu coração está pedindo isso. Precisa criar mudanças muito profundas dentro de si, porque, neste momento, você não está desfrutando de sua vida nem está se sentido pleno nos últimos meses (ou seriam anos?). Você percebe a realidade de maneira distorcida: você não tem culpa, simplesmente aprenda a reconhecer quais são essas distorções que o impedem de ser livre e pleno.

Respire profundamente aqui e agora, feche os olhos e sinta seu corpo. Dê carinho e amor a si próprio porque você está inquieto e nervoso.

3 RECUPERE SEUS VALORES ÍNTIMOS

Recupere a direção

A luta para recuperar o norte de sua vida e retornar a seus valores profundos, para que seus atos tenham sentido, faz-se necessário que se vá ao deserto. Que se encontre com Deus e consigo mesmo. Somente assim vai se dar conta de que, ultimamente, você vem atuando em desacordo com seus valores mais enraizados. Seu ser começa a desmoronar: primeiro seu corpo lhe dá sinais; depois suas emoções se portam de forma cada vez mais negativa; finalmente sua mente e seu sistema nervoso dizem basta e se apagam. Obrigam-lhe a parar.

Jesus entrou no deserto depois do Batismo para clarificar o estilo de seu ministério, escolher o que Ele queria e descartar o que o espírito mau lhe sugeria. É uma batalha que cada pessoa tem de travar sozinha. Quarenta dias de luta. O espírito mau indicou a Ele uma vida cômoda e portentosa que demonstrasse poder. Pão em abundância, reinos mundanos e obediência dos anjos. Essa foi a tentação do espírito mau (cf. Lc 4,1-12).

E a você? O que o mundo a seu redor tem lhe oferecido? Tem estado preocupado em cumprir as expectativas dos demais? Tem se esquecido de viver conforme seus valores internos? Passe quarenta dias no deserto. Pense se o que você queria era pão, reinos mundanos e anjos ou pessoas sempre dependentes de você. Em certos momentos, tornamo-nos mendigos do afeto e acabamos vivendo para os outros, contanto que nos amem. Cumprir as expectativas dos demais e não as nossas próprias, satisfazer a necessidade dos outros e não as nossas.

Certamente, você prefere seguir procurando a aprovação e a aceitação dos outros, fazendo o possível para chamar a atenção deles. Quem sabe escolha se apoiar nos valores que não são os seus, mas sim de seu cônjuge, de seu grupo social ou de oração, de qualquer um menos dos seus; assim se pode descansar e é menos custoso. Você acaba preferindo que os demais sejam responsáveis por sua existência.

Mas não é possível voltar ao ventre materno. Isto é a vida: uma batalha no deserto para encontrar seu lugar nele.

Recupere a direção.

Onde está seu tesouro?

Você entra em depressão quando seu coração está naquilo que realmente valoriza, mas sua mente se ocupa de coisas que deixaram de ser importantes e seu corpo vaga de um lado para o outro sempre com pressa. Não há unidade, tudo se rompe e dispersa. Entra em confusão.

"Onde está teu tesouro, aí está teu coração", ensina Jesus (Mt 6,21). Mas isso nos adverte que ninguém pode servir a dois senhores, porque acabará amando um e desprezando o outro. Precisa haver unidade entre nosso coração e nosso tesouro, entre nossa vontade e nossos valores. Se não for assim, acabaremos suspirando e desprezando a vida presente que nos impede de possuir nosso tesouro.

Qual é seu tesouro? Onde está? Ele é realmente importante? Se não está ali onde estão sua mente e seu corpo, logo você começará a romper-se e a dispersar-se. Procure fazer com que haja unidade de vida entre seus desejos e suas ações, entre aquilo que ama e aquilo que faz, entre onde está seu tesouro e onde se encontram seus relacionamentos.

Pergunte-se onde está seu tesouro. E onde está você. Deverá refletir sobre se seu tesouro (aquilo que deseja) é excessivo. Quem sabe sejam apenas expectativas irreais, sonhos impossíveis. Se seu tesouro ou se o objetivo de sua vida forem algo impossível, vai terminar sempre frustrado toda vez que não conseguir alcançá-los. Talvez deva aprender que seu tesouro são momentos do dia a dia, íntimos e puros que o rodeiam no presente. Não brilham tanto quanto o poder ou um bom carro, mas estarão sempre razoavelmente acessíveis: uma boa conversa com um amigo, tomar um bom café, fazer um passeio pelo parque, o beijo de seu filho etc.

Construa bem a torre

"Quem de vós, com efeito, querendo construir uma torre, não se senta primeiro para calcular os gastos e ver se tem o suficiente para concluir a obra?", perguntou Jesus aos que o escutavam (Lc 14,28).

Sua torre ficou pela metade. Não há forças físicas, emocionais nem mentais para terminar de construí-la. Talvez seja melhor que calcule com mais atenção seus gastos e suas reservas de energia.

Pense em seu corpo, em sua saúde. Há dedicado tempo satisfatório a esse quesito ultimamente? Você cuida de sua alimentação, de seu sono e de seus exercícios? O cuidar de si é essencial para se ter força ou energia.

Pense em seus relacionamentos. Tem cuidado de ser afetuoso com sua família e com seus amigos? O amor nos faz florescer e nos oferece energia.

Pense em sua vida de trabalho. Tem dedicado demasiado esforço e energia? Você leva os problemas do serviço e as opiniões de seu chefe para dentro de sua casa? A vida profissional tende a sugar muitas energias quando não somos capazes de resolver bem as dificuldades.

Pense no lazer e na diversão. Você tem se divertido recentemente? Tem procurado atividades que o fazem rir livremente, ativam sua criatividade e põem-no em contato com a natureza?

Construa bem a torre, sente-se para calcular os gastos da vida e reflita acerca de como gerencia essa sua energia nestes quatro âmbitos: saúde ou cuidado de si, relacionamentos afetivos, trabalho e lazer-diversão. É tempo de evoluir e introduzir mudanças em sua vida. Caso contrário, a ansiedade virá novamente e, logo em seguida, a depressão.

Meça bem suas energias, reflita sobre quais atividades e pessoas lhe dão energias e quais atividades e pessoas lhe subtraem. Calcule bem os gastos e o desgaste da vida.

Construa bem sua torre.

Luz e trevas

"Caminhai enquanto tendes a luz, para que não vos surpreendam as trevas; aquele que caminha nas trevas não sabe aonde vai" (Jo 12,35).

Essas palavras de Jesus podem guiá-lo para recuperar a orientação de seu caminho. Você entrou em depressão porque começou a andar na escuridão, longe de seus valores pessoais que o conduzem e o motivam como uma luz. Sem esses valores que dão sentido a sua vida, sem esses valores que ativam sua energia vital e íntima, resta somente caminhar nas trevas. E quem caminha na escuridão não sabe aonde vai.

Reflita sobre o que realmente você deseja e o que não deseja na vida; pense no tipo de pessoas com as quais você quer ou não gastar seu tempo. Certamente, vai descobrir muitas realidades que ocupam sua vida, as quais você não deseja. Você sente que tem vivido por essas coisas ou pelos valores das pessoas com as quais você não quer estar. Esse tipo de conduta, repetida com o tempo, provoca depressão.

Sua depressão constitui um chamado para que não se afaste da luz de seus valores. Certamente, quanto mais seus valores se aproximarem da luz do mundo, que é Jesus Cristo, mais espaço para o que é autêntico haverá em sua vida. Nem sempre poderá mudar tudo, mas, aos poucos, será capaz de ir ajustando sua vida conforme seus valores. E o caminhar rumo a essa direção sempre lhe fará feliz.

Deixe-os partir

Quando você não defende seus valores mais preciosos e acaba cedendo para manter o afeto das pessoas, termina ficando sem um nem outro. As pessoas não gostam de ter a seu lado alguém que não sabe aonde vai, sem valores, um mendigo de afeto, que vai sempre cansar a todos e provocar desprezo.

Mantenha seus valores e desapegue das pessoas. Muitos lhe abandonarão quando você mostrar seu verdadeiro ser, porque não podemos agradar a todos sempre em tudo. O mesmo aconteceu com Jesus quando começou a diminuir os milagres fantásticos e deu início a falas sobre os valores do Reino: "A partir disso, muitos de seus discípulos voltaram para trás e não continuaram a segui-lo" (Jo 6,66). Jesus não se apegou às pessoas, não mudou sua mensagem nem seus valores para manter o afeto dos que o rodeavam. Em vez disso, perguntou aos mais íntimos com sinceridade: "Também vós quereis partir?" (Jo 6,67).

Respire profundamente e deixe partir. Contemple como passam em sua vida as emoções, as pessoas, as memórias, as coisas. Vão e vêm, como nuvens no céu, como pássaros cruzando o céu. Você é o céu; os demais são nuvens. Vão e vêm. Desapegue. É um caminho de sabedoria para ser feliz. Os que querem permanecer, permanecerão; o que vai durar, durará. Não pretenda mudar seus valores, porque vai perdê-los e, depois, inevitavelmente, perderá também as pessoas, por amor das quais você os mudou.

Deixe-os partir.

4 CUIDAR DE SI

Descansar

Em um mundo tecnológico onde ninguém sabe se desconectar da interconexão global, faz-se urgente recuperar principalmente o descanso. Tudo urge, tudo tem pressa. Até mesmo as férias se tornaram uma estressante fila de carros, aeroportos e guarda-sóis de praia.

Sem descanso, a pessoa entra em depressão com facilidade por exaustão excessiva. É necessário ter um dia de descanso na semana. Um dia consagrado. "E Deus abençoou o sétimo dia e o consagrou, porque nesse dia Ele descansou de toda a obra que havia criado" (Gn 2,3). Essa frase do Gênesis pode parecer um final infantil para um relato igualmente ingênuo da criação do mundo, mas aí se esconde uma sabedoria grande e robusta: é necessário descansar, e não só fisicamente, mas também espiritualmente. Dar espaço à contemplação, ao descanso do espírito. Deixar de produzir, julgar ou analisar para adentrar-se na pura contemplação que, com frequência, relaxa a alma.

O mundo atual não sabe descansar. Os feriados têm se transformado em viagens estressantes, aeroportos lotados, desfile de malas, consumismo obsessivo de experiências no exterior. No entanto esse falso descanso não traz senão ainda mais estresse e precisa, cada vez mais, de novos estímulos. Não basta somente fazer passeios na montanha; agora há necessidade de recorrer a sofisticadas trilhas organizadas por empresas. Já não basta ir à praia para relaxar diante do mar; agora faz falta banhar-se nas águas caribenhas e registrar isso em uma *selfie* para que a experiência tenha valor. Já não basta contemplar o monumento histórico; agora é necessário visitar centenas deles para tirar fotos e dizer: "Estive aqui". Mas o que contemplamos? Quanto se alegrou nossa alma?

Dada a tendência que o homem tem de fazer e não de experimentar o ser, Deus lhe ordena o preceito do descanso semanal: "Tu vais trabalhar e fazer todas as tuas tarefas durante seis dias, mas o sétimo é dia de descanso, consagrado ao Senhor, teu Deus. Não farás nenhum tipo de trabalho, nem tu, nem teu filho, nem tua filha, nem teu escravo, nem tua escrava, nem teu boi, nem teu asno, nem teu gado, nem o imigrante que reside em suas cidades, para que possam descansar iguais a ti" (Dt 5,13-14). A paz que o descanso traz não vai beneficiar somente você, pois beneficiará também sua família e os que o rodeiam. É um ensinamento sábio.

Descansar. Regozijar ante ao que foi criado. Deixar de consumir. São boas receitas antidepressiva.

Jesus ensina como descansar

Jesus pede aos discípulos que descansem porque "não encontravam tempo nem mesmo para comer" (Mc 6,31b). Por isso Ele lhes disse: "Vinde vós a um lugar deserto para que descanseis um pouco" (Mc 6,31a).

Aqui, duas dicas sobre o descanso são oferecidas a nós. A primeira delas parece óbvia, mas não é: quando andamos nervosos e inquietos, descuidamos de nossa alimentação. Comemos qualquer coisa, de qualquer maneira, assim castigamos o corpo e o espírito. A falta de apetite é um dos sintomas depressivos, e a revisão da alimentação é um dos pontos principais da terapia antidepressiva.

A segunda dica é que Jesus pede a eles que se afastem das pessoas, do frenesi, do ativismo, e que se dirijam a um lugar "deserto". Sem ninguém. É necessário descansar o espírito ante aos estímulos dos ambientes barulhentos. Hoje em dia, o descanso não é feito dessa forma: é frequente a imagem de grandes filas de carros indo para a costa do mar, praias tão lotadas de gente que não passa nem um alfinete, centros comerciais de lazer com um constante ir e vir de gente. Parece que buscamos o descanso em lugares nada desertos; em vez disso, continuamos atormentando nosso sistema nervoso com mais estímulos.

Comer bem

O cuidar de si mesmo implica levar a sério a saúde. Se não fizermos assim, o próprio corpo se rebelará e apresentará diversos sintomas antes de paralisar-nos completamente por meio da depressão. Esses avisos do corpo são variados, mas consistem especialmente em: dores de cabeça persistentes, de estômago e nas costas. São três zonas sensíveis ao estresse emocional não resolvido.

O livro do Eclesiastes recomenda com simplicidade: "Para não adoecer, cuide-se" (Eclo 18,20), porque "a saúde e o vigor valem mais que todo ouro e prata" (Eclo 30,15).

São Paulo aconselha a Timóteo: "Não continues bebendo somente água, mas toma um pouco de vinho por causa de teu estômago e de tuas frequentes enfermidades" (1Tm 5,23). O estômago: uma das zonas sensíveis ao estresse emocional e físico. Convém cuidar dele. A Bíblia atesta que "um coração radiante tem bom apetite e aproveita tudo o que come" (Eclo 30,27).

Aos que creem que servem melhor a Deus mortificando seu corpo ao abnegar os alimentos, São Paulo previne contra aqueles falsos mestres "que proíbem e mandam abster-se de alimentos que Deus criou para os que creem" (1Tm 4,3).

Festejar

O rei Davi fez trasladar a Arca da Aliança para sua cidade, e ele "ia dançando diante do Senhor com todas as suas forças" (2Sm 6,14). Sua esposa Micol censurou sua conduta por considerá-la imprópria, mas Davi respondeu que, pelo Senhor, ele dançaria sem descanso.

Saber festejar é importante. Que nossa alma possa se expandir, rir, contagiar-se de bom humor e descansar. Não precisamos somente trabalhar, governar, transformar e perseguir objetivos. Devemos celebrar. Saber dançar.

Hoje em dia, é difícil ouvir alguém assoviando ou cantando nas ruas, o que era bem comum em uma época não muito distante. As pessoas não têm tempo para celebrar, ou simplesmente, não sabem fazê-lo. Procuram festas forçadas, falsas, cheias de marketing empresarial, festas famosas de cidades requintadas, nas quais o verdadeiro espírito de festa (a verdadeira celebração) tem sido substituído pelo consumismo e pelo barulho absurdo.

Festejar é outra coisa. É dar a si mesmo um tempo semanal para poder dançar, sem descanso, diante do Senhor, como fez o rei Davi. Pensar nas maravilhas que Deus nos há concedido e presentear-se com um pequeno capricho que nos eleve ao bom humor. Aquecer-se. Preencher-se de verdadeira alegria.

O carinho

Os gestos de carinho são necessários. Em períodos depressivos, devemos aprender a deixar de exigir de nós mesmos e saber permitir que nos amem.

Jesus entrou na casa de um fariseu chamado Simão, que não teve a delicadeza de lhe dar água nem perfume para refrescar-se (Lc 7,36ss). Jesus apontou a falta de carinho e censurou gentilmente o fariseu: "Simão, tenho algo a lhe dizer".

Enquanto o fariseu não demonstrava amor, uma pecadora, que havia entrado com um frasco de alabastro cheio de perfume, não parava de beijar os pés de Jesus, derramando sobre eles o perfume e secando-os com seus cabelos. Jesus não rejeitou esses gestos de carinho, ao contrário, agradeceu à mulher suas atitudes de amor e declarou que, onde fosse proclamado o Evangelho, aquele gesto seria lembrado.

Buscar carinho não é um pecado, é uma necessidade humana. O carinho humano é o que realmente nos cura na vida, o único que sara nossa mente e nosso coração. Se você sofre de depressão, permita-se ser amado. Agradeça essas demonstrações sinceras de carinho que aqueles que lhe querem bem lhe oferecem. Aceite o amor daqueles que o rodeiam e não tente corresponder ou recompensá-los. Deixe-se amar. Sinta-se valioso e amado.

5 ACEITAÇÃO

A realidade do mundo

A mente reativa sofre diante da realidade do mundo. É uma das raízes da depressão. Ela imagina circunstâncias diferentes, mais propícias, mais felizes. A mente reativa não pode deixar de planejar, projetar, imaginar e procurar lógicas no mundo profundamente irracional e ilógico.

Jesus sofreu diante da realidade. Quando chegava ao final de sua vida, chorou e lamentou pela falta de confiança de seus conterrâneos em sua pessoa: "Jerusalém, Jerusalém, que matais os profetas e apedrejais aqueles que foram enviados a vós; quantas vezes quis reunir aos vossos filhos como a galinha reúne os pintainhos debaixo de suas asas, e não aceitastes" (Mt 23,37).

Jesus também quis que as circunstâncias fossem diferentes. É humano desejar assim, mas é importante acolher a realidade tal como ela é, cedo ou tarde. Senão sofreremos, e nosso sofrimento será estéril. A realidade possui seu próprio peso, e é impossível que o mundo se ajuste a todos os desejos de todas as pessoas que vivem nele.

Choraremos ao longo da vida quando nos sentirmos frustrados, cansados e feridos pela realidade teimosa. Mas é importante que, depois do alívio, voltemos a adaptar-nos ao mundo. Não há um paraíso nesta terra. As coisas são como são. É indispensável situar-se bem diante da realidade e não permitir que a mente reativa nos escravize com suas propostas "lógicas" sobre como essa realidade deveria ser.

A aceitação é a base da recuperação em uma depressão.

A realidade de si mesmo

Também nos faz sofrer a realidade sobre o si mesmo, a dolorosa obstinação de nossas circunstâncias, o difícil que é manter e ser fiel à própria vocação, à própria identidade.

Jesus também sofreu tensões entre sua vontade profunda e a mais superficial. O evangelista São João narra como Jesus tinha suas dúvidas interiores: "Agora minha alma está agitada e o que direi? Pai, livra-me dessa hora? Mas é para essa hora que eu vim" (Jo 12,27).

Não é fácil ser fiel à consciência. Não é fácil seguir a consciência quando as circunstâncias da vida nos amedrontam, tornando-se pesadas e insuportáveis. Jesus não foi alheio a isso. Mas, finalmente, assumiu a aceitação: "Abbá! Tudo vos é possível; afastai de mim este cálice. Mas não aconteça como eu quero, mas como vós quereis" (Mc 14,36).

É árduo praticar a aceitação da própria vida, do destino pessoal, das circunstâncias do indivíduo, de sua vocação ou seu chamado. É necessário brigar e lutar, e essa batalha causa lágrimas e suor de sangue.

Você tem um modelo a seguir quando sentir que não quer aceitar quem você é, ou sua vocação particular, ou seu chamado nesta vida. Jesus é o exemplo que esvaziou o cálice da realidade pessoal, mesmo que, para isso, tivesse de batalhar. Aceite sua realidade. Conheça seus limites, suas carências e seus defeitos, porque é sábio somente aquele que conhece bem a si mesmo. Celebre também suas virtudes e seus dons.

Quando não se aceita a realidade

É difícil para Marta aceitar a realidade. Ocupa-se com muitos afazeres e não entende aquilo que é o mais importante. Agitada e nervosa, acaba não aceitando nem mesmo os outros, e lança uma queixa indireta contra sua irmã: "Senhor, não te importas que minha irmã me deixe sozinha no serviço? Diz a ela que venha me ajudar" (Lc 10,40).

É um símbolo de quem está ansioso: agita-se e agita aos demais.

Marta tampouco aceitou a realidade quando seu irmão ficou enfermo e, ainda que tenha enviado notícias a Jesus, ele não chegou no momento nem da forma que ela desejava. Lázaro morreu. Jesus dirigiu-se para "despertá-lo". Marta saiu a seu encontro e o repreendeu: "Senhor, se estivesses aqui, meu irmão não teria morrido" (Jo 11,21).

A mente reativa de Marta repreende, exorta, imagina um mundo lógico, adivinha e procura controlar. Por isso, quando Jesus ordena que retirem a pedra que tapava o sepulcro, Marta lhe diz: "Senhor, já cheira mal porque faz quatro dias" (Jo 11,39).

Eis uma pessoa que se opõe a tudo e a todos. Que importante é aceitar e acolher com criatividade todas as dificuldades e moléstias da vida. Jesus reprova sua atitude e lhe diz: "Não te disse que se creres verás a glória de Deus?" (Jo 11,40).

Ladeira abaixo

Se há um caso paradigmático na Bíblia sobre a não aceitação da realidade e dos sofrimentos que isso provoca é, sem dúvida, o caso do rei Saul.

Saul foi um rei guerreiro, e nada ameaçou seu reino até sua velhice. Estando ele já avançado em idade, um jovem servente da corte, chamado Davi, realizou a proeza de vencer Golias e de conquistar êxitos militares entre os filisteus. E "as mulheres cantavam e repetiam ao dançar: Saul matou mil, Davi matou dez mil" (1Sm 18,7). O rei ficou furioso com a fama de seu jovem servo e tentou acabar com ele, ainda que soubesse que nada deveria temer, pois Davi manifestou em múltiplas ocasiões que respeitava o ungido do Senhor.

Sentir o fim da vida e aceitar que os jovens vão assumir com mais firmeza tem sido uma vivência comum na humanidade. Isso pode representar uma experiência mais ou menos agradável, mas o que não resta dúvida é que forma parte inevitável dos fatos da vida.

Saul não aceitou essa faceta da realidade. Caiu em uma progressiva dinâmica de ciúmes, ira e ressentimento, até beirando o ridículo. Não soube nem pôde retirar-se a tempo. O profeta Samuel avisou-lhe: "Deus vai arrancar o reino de tuas mãos e dá-lo a outro, a Davi" (1Sm 28,17). A Bíblia nos mostra um final pouco honroso para o rei Saul: a ponto de ser apressado em combate, pegou sua espada e se matou (cf. 1Sm 31,4).

É conveniente, portanto, aprender com esforço a aceitar a realidade, porque ela se imporá de todas as formas. Não podemos ser eternamente jovens; não podemos ser compreendidos nem ser amados por todos; a vida nos conduz para a morte e, a morte, para Deus.

Fazer um desvio

Quando não se aceita a realidade, surgem as emoções negativas: frustração, raiva, ira, decepção, desânimo etc. Outra passagem do Evangelho que nos ilustra sobre o assunto é a rejeição aos apóstolos quando estes atravessavam a Samaria. Os samaritanos não quiseram acolher Jesus, para evitar complicações e, ao ver isso, "Tiago e João, discípulos seus, disseram-lhe: Senhor, queres que mandemos baixar fogo do céu para arrasar com eles" (Lc 9,54).

Jesus foi prático e aceitou a realidade, porque o Evangelho esclarece que "eles foram a outra aldeia". O êxito consiste em aceitar a realidade e pegar um desvio quando esta coloca um muro em nossa frente. Se não fizermos assim, vai se iniciar um ciclo de emoções negativas, que nos conduzirão a tudo aquilo que é estéril: rancor, rejeição, ira, frustração. Nenhum desses sentimentos ajuda aos demais nem a si próprio. São negativos. Quem sabe seja mais prático desviar do muro e caminhar para outro lugar. O Evangelho nos conta que São José teve de ir e vir de muitos lugares para evitar a crueldade dos reis: Egito e, por fim, Nazaré. Temos de aprender a fazer desvios para conservar e proteger o que é realmente precioso.

Quando Jesus pregou em Nazaré (sua terra) pela primeira vez, foi acolhido primeiramente com aceitação e aplausos, mas logo percebeu a fúria dos fariseus.

O evangelho nos diz que ele "abriu caminho entre eles e foi-se embora" (Lc 4,30). Essa é uma boa estratégia; uma tática saudável. Abrir caminho e continuar nossa própria caminhada. O resto é perda de tempo e de energia própria. Por isso Jesus ordena aos discípulos que envia: "Se alguém não vos receber ou não escutar as vossas palavras, ao sair dessas casas, sacudi até mesmo a poeira de vossos pés" (Mt 10,14).

Uma oração sábia

Uma antiga oração diz assim: "Senhor, dai-me forças para mudar o que posso mudar; aceitação diante daquilo que não consigo mudar; e sabedoria para distinguir entre ambas as situações".

É um dom ter a capacidade de distinguir quais coisas estão em nosso poder de controle e quais não estão. Há batalhas que temos de travar, sem dúvida. Há causas pelas quais teremos de lutar. Existem aspectos da realidade que devemos mudar. Mas, antes de tudo, devemos também estar dispostos a consentir que há outros combates que não dizem respeito a nós.

Não é fácil diferenciar um e outro. Com frequência, queremos mudar o próximo. Quem sabe seria mais simples aprender a sofrer com seus defeitos com paciência. Queremos ter tudo sob controle, mas seria mais saudável compreender que possuímos controle de pouquíssimos aspectos de nossa vida. Enfim, temos de seguir os conselhos que nos dá o livro do Eclesiastes: "Há um tempo para abraçar e tempo para desprender-se; tempo para buscar; tempo para perder" (Ecl 3,5-6).

Para saber discernir entre o possível e o impossível, entre o que pode e o que deve ser mudado e o que não pode nem deve, tem de se invocar o Espírito Santo. Fazer silêncio. Deixar que ele penetre nosso entendimento. Agir com sabedoria e prudência livra-nos de muitos sofrimentos.

6 TER ATITUDE

Adormecido pela tristeza

A rede neuronal de modo padrão (*Default Mode Network*, DMN) é uma espécie de proteção de tela permanente com que a mente deprimida protege você. É como se fosse um modo *off* para reservar energias básicas. Por isso você sente um cansaço infinito.

É muito custoso levantar-se e tomar um banho, realizar qualquer atividade ou tomar decisões. Tudo lhe traz tensões e esforço. Você evita as atividades porque não encontra motivação e, ao praticá-las, aumenta em si mesmo a sensação da depressão.

Jesus encontrou os apóstolos "dormindo de tristeza" no Horto das Oliveiras (Lc 22,45). Um sono profundo de medo, morte, desespero, trevas. Jesus sabia que era perigoso permanecer nesse estado, por isso ordenou-lhes: "Levantem-se, vamos!" (Mc 14,42).

É complicado restaurar a atividade normal quando se está na depressão. Levantar-se exige um grande esforço; sua mente reativa tentará lhe dar mil razões para permanecer em casa, enterrado no sofá ou sem sair da cama. Sua mente sábia lhe dará conselhos para fazê-lo, ainda que seja por um ato heroico de sua vontade; apenas aqueles que estão depressivos sabem o esforço monumental que é necessário para isso. Mas deve fazê-lo. Você precisa se levantar.

Ativar de novo a conduta, ainda que seja pouco a pouco, é essencial para sair da depressão. É perigoso o encantamento desse sono pesado de angústia e tristeza. Você não deve permanecer muitos dias em tal estado.

Seu talento particular

"Cada um, conforme a graça que recebeu, ponha-se a serviço dos outros", diz o apóstolo Pedro em sua carta (1Pd 4,10).

Ter atitude não significa voltar a fazer tudo da mesma maneira, como se nada tivesse acontecido. Se você conhece qual é seu dom, aquela graça especial que Deus lhe deu, e o coloca a serviço dos demais, poderá florescer e ser feliz. Se seu comportamento se distancia de seus valores e não consegue desenvolver seu dom especial, aquilo que o conecta com sua identidade, você não poderá florescer nem ser feliz.

Reveja se seu trabalho se aproxima de seus valores e seu talento particular. Reflita se em seu grupo de oração ou em sua comunidade religiosa seu dom particular é aceito e valorizado. Pense se as pessoas que estão a seu redor são também as que reconhecem e estimam seu dom especial. Quanto mais fiel for a esse presente de Deus para você e para os outros, mais felicidade haverá em sua alma. Quanto mais próximo suas ações levarem você a derramar, trabalhar e desenvolver esse dom, mais plenitude você sentirá.

Conforme sua consciência

São Paulo nos recorda umas palavras do Senhor que definem a origem da verdadeira felicidade: "Lembrando as palavras do Senhor Jesus, que disse: há mais alegria em dar do que em receber" (At 20,35). Mas também esclarece que há uma maneira ordenada de se entregar aos demais, uma norma básica para regulamentar nossa atividade: "Cada um dá conforme lhe diz o coração, não a contragosto nem por obrigação, pois Deus ama aquele que dá com alegria" (2Cor 9,7).

Se você se sente irritado ou cansado em sua entrega aos demais, é possível que não haja ordem ou sensatez nessa entrega. Pode ser que você esteja dando mais do que pede seu coração, de maneira que acaba amando o próximo com desgosto ou por obrigação. Dessa entrega tensa, nasce a irritação e, finalmente, a depressão. Reflita sobre o que é possível que seu coração entregue e o que não é. Em resumo, conheça seus limites e aceite-os com humildade. Você saberá se é ordenado quando seu amor for doado com alegria.

Ainda que pense fazer boas obras, reflita sobre o que realmente move você em sua vida. Há uma constante no Evangelho: Jesus sempre pergunta aos que o seguem quais são seus verdadeiros motivos. Quando dois discípulos o seguem, ele não reluta em perguntar à queima-roupa: "Que buscais?" (Jo 1,38). Quando as coisas se tornaram difíceis e muitos o abandonaram, voltou a perguntar: "Vós também quereis ir embora?" (Jo 6,67). A Pedro ele perguntou: "Tu me amas?" (Jo 21,15.16.17).

É significativo averiguar o que há em nossa consciência, quais são os verdadeiros motivos e por que damos aos outros o que damos.

O companheiro

É próprio da depressão o voltar-se para dentro. Se o período dura muito tempo ou não se medica, isso pode afetar as relações pessoais: os outros se cansam de nós.

Uma das experiências mais duras da depressão é comprovar que algumas amizades nunca existiram.

Acompanhavam-nos nos bons momentos, mas não resistiram aos maus. A Bíblia nos adverte que "há amigos de ocasião, que não resistem no dia da desgraça (...), se fores humilhado, eles se voltarão contra ti e se esconderão de tua presença" (Eclo 6,8ss).

O lado bom dessa triste experiência, se é que existe, é que também aprendemos a distinguir as verdadeiras amizades. Pessoas em quem, talvez, não tivéssemos tanta confiança foram capazes de ficar a nosso lado, e você descobre que eles são bons amigos. É justo bendizer a Deus por essas boas amizades, procurá-las e aprender a cultivá-las semanalmente.

Que suas atividades estejam acompanhadas por amigos e pessoas que o amam e o respeitam. Cuide de seus relacionamentos. Proponha a si mesmo essa meta: cada semana, fazer algo para alimentar uma relação de amizade.

Ninguém pode agir sozinho. Jesus enviava a eles de dois em dois. Até mesmo uma pessoa tão independente de critério, como São Paulo, relata em suas cartas a presença de numerosos colaboradores, amigos e companheiros. Narra também a traição de alguns deles, assim como o fim do relacionamento de intimidade com esses.

É necessário caminhar acompanhados. Partilhar com os outros como é nossa atividade, o que gostamos dela e o que desgostamos. Eles podem nos dar alento e nos sustentar.

Ser assertivo

Dê fim a sua conduta submissa, passiva e com tendências ao rancor. Ela é um caminho seguro para a depressão. Se tem algo para dizer, diga-o de forma assertiva em um clima de respeito e assuma as consequências. Não há outro caminho para a felicidade.

Paulo foi um apóstolo que chegou tardiamente. No entanto não teve problemas de encarar Pedro, que era o apóstolo principal: "Quando chegou Cefas a Antioquia, tive de enfrentá-lo" (Gl 2,11). Não vamos entrar agora na questão da disputa. O importante é que Paulo censurou Pedro "Quando viu que não procedia corretamente, conforme a verdade do Evangelho" (Gl 2,14).

No decorrer da atividade profissional ou nos relacionamentos, acontecerá, com frequência, que tenhamos algumas desavenças com determinadas pessoas. Não é conveniente se calar por medo da autoridade, pelo que me dirão ou pelo que me farão. Aquilo que você não expressa fica remoendo em sua alma, especialmente quando se trata de uma injustiça que cometeram contra você. Há de se dialogar com o outro, como Paulo e Pedro, em um ambiente de respeito, sendo assertivo: aprender a dizer o que pensa, aprender a estar aberto ao fato de que o outro não esteja de acordo, aprender a assumir as consequências. Nesse incidente com Pedro, tudo ficou bem e conseguiram a reconciliação e uma nova etapa na Igreja. Mas em outra ocasião, Paulo discutiu com Barnabé (seu íntimo colaborador) e ambos decidiram separar seus caminhos.

A santidade e a vida espiritual não estão em desacordo com tomar decisões que, em certos momentos, sejam desagradáveis ou podem decepcionar a outros. Se o fazemos guiados pela reta consciência e pela oração, nunca será uma ação imoral.

Em nossas atividades, temos de ser assertivos de forma equilibrada. Aprender a dizer “não”. Aprender a dizer “essa é sua opinião”. Aprender a pensar que nossa opinião é tão importante e válida como a dos demais, e que merece respeito e é digna de ser escutada. Se tudo terminar em um acordo, teremos ganhado algo. Se o ser assertivo faz com que cada qual tome seu próprio caminho, também haverá benefícios, ainda que seja doloroso, à primeira vista.

A atividade que se baseia em uma atitude passiva, frágil, covarde, amedrontada, acaba em depressão pela emocionalidade negativa que gera: rancor, frustração, ira, decepção, tristeza. É conveniente levar isso em consideração.

7 ATENÇÃO PLENA (*MINDFULNESS*) E EVANGELHO

Caminhar meditando

Nessa prática, o foco da atenção se situa nas experiências e sensações que são produzidas no ato de caminhar, deixando ir embora qualquer pensamento ou emoção que possa aparecer. Meditar enquanto se caminha prova-se ser muito útil, especialmente para aquelas pessoas que sofrem com angústia e agitação mental.

Consiste em ficar descalço e caminhar lentamente, seja no quarto ou pelo corredor de nossa casa, ou em um parque. Ao andar descalço, aumentaremos nossa consciência corporal.

Comece ficando descalço. Permaneça em pé por alguns instantes, com o olhar relaxado, sem focar em nenhum ponto específico. Respire várias vezes de forma profunda e consciente, e tome consciência das sensações que surgem nas plantas de seus pés.

Continuando, caminhe como que em câmera lenta. O importante não é andar rapidamente, mas sim ter consciência de como nossas pernas se movem ao caminhar, e que você possa sentir as plantas dos pés enquanto executa essa atividade.

Quando você se distrair, procure voltar com tranquilidade e simplicidade à plena atenção em seus passos. Se estiver dentro de seu quarto, quem sabe possa fechar os olhos e ficará mais fácil.

Em poucos minutos realizando essa prática, sentirá seu corpo muito mais relaxado, especialmente se a repetir todos os dias. Quando notar que seu corpo e sua mente estão menos carregados, siga com o exercício alguns minutos a mais, repetindo a frase: *Guia, Senhor, meus passos pelo caminho da paz!*

Compaixão de si mesmo

Se Jesus compadece de seus defeitos e de suas fraquezas, por que você se trata mal? Se ele consola os aflitos, por que você se castiga continuamente pelos seus erros?

Sente-se diante de um espelho onde possa contemplar seu rosto e, se possível, todo o seu corpo. Olhe-se no espelho com compaixão. Respire profundamente e espere que seu corpo e sua mente fiquem relaxados. Chame-se por um nome carinhoso. Faça um gesto afetuoso que o tranquilize, como cruzar os braços em seu peito. Repita lentamente:

Jesus, tu me amas.
Que eu possa ser feliz.
Que eu possa ter paz.
Que eu possa me sentir compreendido e respeitado.
Que eu possa me ver livre de toda desgraça.
Jesus, tu me amas.

Deixe essas frases repousarem em silêncio e volte a pronunciá-las em voz alta, olhando-se no espelho.

Você pode trocar as frases e adaptá-las a seu gosto. Se quiser recitar versículos da Bíblia, recomendo a você o Salmo 19(20): *Que Deus cumpra o desejo de seu coração, que realize todos os seus planos.*

Se você leu essas frases e lhe dá muito trabalho desejar mentalmente que tenha êxito em seus planos, ou compreensão e respeito em sua vida, é porque você está com a autoestima baixa. O não ser capaz de amar a si mesmo é um dos caminhos para a depressão e, também, uma das estradas para torná-la crônica. Aprenda a desejar o bem a si mesmo e não tenha medo de fazê-lo: o salmista da Bíblia o faz com frequência.

Meditar com agradecimento

Antes de dormir, procure encontrar ao menos cinco minutos de tranquilidade para fazer uma revisão do dia. É fundamental que foque sua mente em agradecer a Deus três coisas positivas que aconteceram. Se não lhe ocorre nada, agradeça pelo sol, pelo ar, pelos pássaros, pelas pessoas que estão a seu redor e o amam, pelo alimento etc.

Parece algo muito simples, mas não é. As pessoas com depressão costumam ter um viés cognitivo negativo, de maneira que se torna difícil para eles encontrar três acontecimentos positivos.

Fazendo dessa forma, o cérebro é treinado para focar naquilo que é positivo, mas, não só isso, treinado também a criar consciência de que a vida possui momentos bonitos que merecem ser vividos com plena lucidez.

É importante dar graças a Deus para sentir sua providência: *Graças, Senhor, por este dia em que vós me destes três coisas positivas...*

Atenção plena no corpo

Uma prática muito benéfica de atenção plena (*mindfulness*) é o inspecionar detalhadamente seu corpo para adquirir consciência sobre ele, já que nossos sentimentos negativos não estão apenas centrados na mente, mas também em nosso corpo. Quando estamos depressivos, podemos sentir dor de cabeça, tensão na nuca ou nos ombros, pressão peitoral, ventre inchado ou qualquer outra dor muscular.

Deite-se tranquilamente na cama, com os olhos levemente fechados, os braços estendidos com as palmas da mão viradas para cima. Respire serenamente por alguns minutos, observando com atenção como o ar passa por suas narinas até expandir suavemente o abdômen.

Comece a prestar atenção nas sensações em seus pés, sem tentar julgar o que ali possa encontrar. Limite-se a notar se você sente alguma dor, coceira, aperto do cobertor, cócegas, temperatura dos pés etc. Tente relaxá-los mentalmente e, ao terminar sua atenção plena em seus pés, agradeça mentalmente a Deus: *Obrigado, meu Deus, por esses pés que me permitem caminhar.*

Continue focando sua atenção nas pernas, nos joelhos e nos músculos, lentamente. Não tenha pressa. Registre todas as sensações que encontrar nessas partes, e se não perceber nada, passe à zona seguinte. Ao terminar a exploração, constatará que as pernas e os pés estarão muito mais relaxados.

Siga dessa forma da cintura para cima, examinando suas costas, os braços, o abdômen, o peitoral, o pescoço, os ombros e, finalmente, o rosto e o topo da cabeça.

Ao terminar de revisar todos os pontos, expresse gratidão a Deus por essas partes do corpo que ele lhe deu.

Respiração consciente

Deite-se na cama, estenda os braços e as pernas, desencostando-os um pouco do corpo. Deixe as palmas das mãos viradas para cima. Você também pode fazer esse exercício sentado em uma cadeira, que seja confortável.

Respire pondo atenção à respiração: como entra o ar por suas narinas, como expande seu peitoral, como se eleva o abdômen. Perceba as pausas que o corpo faz entre inspiração e expiração. Procure concentrar-se nesse detalhe por vários minutos, até que se sinta profundamente calmo. Se fizer direito, pensamentos sobre todo tipo de coisas virão continuamente a sua mente. Com ternura e simplicidade, devolva sua atenção à respiração.

Esse tipo de respiração consciente é uma técnica muito antiga. Seus benefícios médicos são largamente comprovados. Além de relaxar seu corpo e seu sistema nervoso, vai ajudar a purificar sua mente e dar clareza a ela.

Quando fizer dez minutos desse exercício, você pode repetir mentalmente alguma frase dos salmos, por exemplo esta que segue abaixo: *O Senhor é meu pastor, nada me faltará*.

Você comprovará que, estando seu corpo relaxado e sua mente livre de pensamentos inúteis, essas forças penetrarão seu coração com força especial.

Três minutos

Esta prática de micromomentos (*micro-mindfulness*) é tão efetiva como também breve. Basta sentar-se em algum lugar, seja dentro de um quarto, de um carro ou em um banco da rua, e meditar durante três minutos, da seguinte maneira:

- Primeiro minuto: tento acalmar-me e perguntar como me sinto, que dores detecto em meu corpo, que sentimentos de paz, alegria, tristeza... estou tendo aqui e agora. Podemos invocar o Espírito Santo: *Espírito Santo, tu que és Luz, ilumina meu ser e revela-me o que há agora em meu corpo e em meu coração.*
- Segundo minuto: dedicamos inteiramente a observar a respiração, até poder percebê-la com clareza. Não vamos manipulá-la nem mudá-la. Podemos rezar assim: *Espírito Santo, tu que és sopro divino, respira aqui e agora comigo, faz-me respirar teu ser.*
- Terceiro minuto: prestemos atenção ao que acontece a nossa volta: barulhos dos carros, pássaros, vozes de pessoas etc. Registramos esses ruídos sem dar valor nem nos concentrarmos neles. Tomamos consciência de que está a nosso redor: o parque, o interior de um carro, os móveis do quarto. Podemos rezar as-

sim: *Deus está em toda parte, em todo canto me rodeia.*

A prática dos *micromomentos* é muito efetiva, como já dissemos, especialmente se for usada no começo ou no final de nossas atividades. Por exemplo, se regressarmos de carro do trabalho, podemos usar esses três minutos dentro da garagem e antes de voltar para casa, ou se, ao chegarmos a casa, formos direto a nosso quarto antes de começar o jantar ou realizar qualquer outra atividade. Podemos iniciar o dia com esse exercício. Isso nos faz ser conscientes e, dessa forma, tranquiliza nossa mente, nosso corpo e nosso espírito.

8 SANTOS QUE SOFRERAM A DEPRESSÃO

Um santo que confessou sua depressão

Talvez pensemos que a depressão é assunto de psicólogos e psiquiatras, que não tem nenhuma relação com a vida espiritual. Não nos faltam motivos para isso: com frequência, esculpimos santos em nossos altares que não demonstram nenhuma emoção e que estão em estado de glória, exaltados e triunfantes. Sabemos que eles sofreram com muitas dificuldades, mas, curiosamente, insiste-se que eles suportaram tudo com paciência e magnanimidade.

No entanto já passou a época dos floreios medievais e da teologia que negava o sofrimento como paralisante, diabólico ou inválido. Agora conhecemos melhor a crítica histórica e os métodos investigativos. Enfeitamos menos a biografia dos santos.

O santo cardeal John Henry Newman (1801-1890) passou por uma dolorosa depressão, ao menos, por quatro anos. Motivos não lhe faltaram: sofreu moralmente o indizível com seus superiores e companheiros eclesiásticos. Moralmente esgotado, deixou-nos uma radiografia de sua depressão em umas anotações conhecidas como *Diário íntimo*:

"21 de janeiro de 1863. – (...) Esta manhã, eu me pus a pensar em minha cama: para que serve tudo isso? O que resultará tudo isso? Para que vivo? (...). Quão triste e solitária tem sido minha vida desde que me tornei católico (...). Mantenho sempre a boca fechada e contraída, e os músculos do rosto ficaram endurecidos de tal maneira que apresento, todo tempo, uma expressão séria e reservada (...)".

"8 de janeiro de 1860. – (...) Não tentei avançar no território dos demais, porque não sei se me ocorreu dizer: veja o que estou fazendo e o que já fiz, porque não traí nem inventei histórias, nem adulei aos grandes figurões, nem militei em um ou outro partido. Não sou ninguém. Não tenho nenhum amigo em Roma, trabalhei na Inglaterra e não me compreenderam, atacaram-me e desprezaram-me. Missionei na Irlanda, sempre com as portas fechadas para mim. Parece que tive muitos fracassos e que, o que fiz bem feito, não compreenderam (...). Julgam-me ser inquieto, maluco, inconveniente. E tudo isso me fez, naturalmente, fechar-me cada vez mais dentro de mim mesmo."

Não é de se estranhar que, depois de quatro anos de sentimentos depressivos, em março de 1864, ele tenha deixado escrito um testamento diante de uma morte que acreditava ser iminente. Tampouco é de se estranhar que, no ano seguinte, tenha escrito um poema no qual o protagonista, pressentindo sua morte, disse: "Estou perto do fim, e Tu me chamaste, Senhor, agora eu sei, e não pelos sinais de estar respirando de forma incerta ou pelo frio no coração (...). Não, é uma sensação nova, jamais sentida (...) de que me acabo, de que já não existo (...). É um esquisito desamparo íntimo (...). Como se meu ser tivesse desmoronado".

Longe de ser uma mancha na história de santidade de John Henry Newman, essas confissões nos mostram que a verdadeira santidade consiste em viver sempre com os olhos voltados a Deus, inclusive na depressão. Não faltaram sofrimentos aos santos e, apesar dos floreios medievais, eles sofreram cansaço, esgotamento e fadiga.

Podemos nos encomendar a esse santo, canonizado pelo papa Francisco recentemente, se sofremos de depressão ou se temos algum membro de nossa família ou conhecido que passa por ela.

Um santo melancólico

Uma das frases infantis repetida até cansar em conventos e seminários é que "um santo triste é um triste santo". O certo é que, na História da Igreja, existiram santos melancólicos.

São Pedro Claver (1580-1654) foi um grandioso exemplo de trabalho ardente em favor dos escravos negros. O apóstolo lutou em Cartagena das Índias contra uma sociedade inteira e um poderio econômico baseado no tráfico de escravos.

Por décadas, seus colegas e superiores tiveram uma impressão muito negativa sobre ele, inclusive quando já era tido como santo e com levitações em público. Consideravam-no um melancólico e um imprudente, antissocial, que não respeitava as convenções, e tudo isso porque não atendia as senhoras ricas da nobreza de Cartagena, mas, ao contrário, dedicava-se a cuidar materialmente dos escravos recém-chegados, procurando aliviá-los.

Eis abaixo os relatórios sobre ele que os jesuítas enviavam a Roma (faziam isso a cada três anos, conforme o costume):

"1642. Capacidade mediana. Juízo, mediano. Prudência e experiência das coisas, baixíssimas. Nível de facilidade com as letras, bom. Temperamento natural: muito melancólico".

1649. Capacidade boa. Juízo, mediano. Prudência e experiência das coisas, nenhum aproveitamento. Nível de facilidade com as letras, bom. Caráter melancólico (...).

1651. Capacidade boa. Juízo, mediano. Prudência, exígua. Experiência com as coisas, aproveitamento zero. Nível de facilidade com as letras, bom. Temperamento natural: melancólico sanguíneo. Talentos para os ministérios, bom. Progresso da vida espiritual, ótimo" (VALTIERRA, Ángel. *San Pedro Claver, esclavo de los esclavos*, edit. BAC, Madrid 1985, p. 175).

Além da miopia evidente dos colegas e superiores eclesiásticos, podemos perceber nessas linhas como uma pessoa melancólica (e São Pedro Claver o era, pelo sofrimento dos escravos os quais ele tinha de aliviar) pode tornar-se um santo.

Para isso, é melhor que admitamos o dado genético e biológico na espiritualidade e deixemos de repetir jargões do tipo: "Um santo triste é um triste santo". O santo cardeal John Henry Newman foi tomado como alguém sensível e melancólico; ele mesmo era consciente de seu jeito severo e, certamente, não gostava de estar em ambientes sociais. São Pedro Claver foi outro santo considerado melancólico na vida, sem nenhuma habilidade no trato da vida social e sem ter sido estimado por seus colegas jesuítas.

Uma noite escura da fé

São Rafael de Arnaiz (1911-1938) é a versão espanhola masculina de Santa Teresinha de Lisieux: era sentimental, delicado, de temperamento artístico e, ao mesmo tempo, com uma vontade de ferro, no que diz respeito à espiritualidade. Tentou várias vezes ser trapista no mosteiro de Dueñas, mas uma grave diabete o impediu de realizar esse desejo.

Em certos momentos, é difícil traçar uma linha clara na vida dos santos entre o que seria uma depressão estritamente falando e o que seria a noite escura da fé. Seja como for, é necessário que tenhamos consciência de que foi difícil, para os santos, ter êxito nas lutas, que tiveram árduas batalhas e que não foi um caminho somente de rosas. Eles experimentaram emoções negativas.

As seguintes frases foram escritas por São Rafael de Arnaiz, de dezembro de 1937 a abril de 1938, perto da data de seu falecimento.

"É a quarta vez que abandono tudo por seguir Jesus, e creio que, dessa vez, foi um milagre de Deus, pois é certo que não conseguiria ter vindo à enfermaria da Trapa por minhas próprias forças, passando por sofrimentos, fome no corpo, devido à minha enfermidade, e solidão na alma, pois encontro os homens muito distantes... Somente Deus!"

"Já são os dias de Natal e, neles, não sinto mais nada a não ser uma enorme solidão, um sofrimento muito profundo, ninguém em quem repousar, enfermo e fraco... Ah, Senhor, é muito pouca minha fé!"

"Deixei meu lar, despedacei meu coração, esvaziei minha alma dos desejos mundanos, abracei-me a tua Cruz. Que esperas, Senhor? Se o que desejas é minha solidão, meus sofrimentos e minha desolação, acolha-os todos, Senhor, nada te peço."

"Uma hora de oração sem sequer um pensamento sobre Deus. Apenas me dei conta disso agora que o tempo passou. O relógio soou às cinco horas e eu já rezava uma hora de joelhos. E a oração? Não sei..., não fiz..., estava pensando em mim mesmo, em minhas agonias pessoais, nas lembranças do mundo (...). Perseverarei na oração ainda que o tempo se perca."

"Não havia passado quarenta e cinco minutos quando, não entendo nem sei explicar, uma angústia muito grande preencheu meu espírito, minha alma se debulhou em lágrimas na capela do noviciado. Senhor, sou um pobre homem! Vejo-me tão só! E meu fervor e meus desejos de Deus e desprezo ao mundo? Aonde foram? Por que me abandonas, Senhor?"

"Amparai-me, Virgem Maria. Sede minha luz nas trevas que me rodeiam. Guiai-me neste caminho que trilho sozinho, guiado apenas por meu desejo de amar profundamente vosso Filho."

"Eu vim enganado ao mosteiro..., a realidade me abriu os olhos."

"Outro dia, eu via tudo como um breu, minha vida escura e fechada, na enfermaria, sem sol, sem luz, sem nada que a ajudasse a suportar o fardo que Deus colocou sobre minhas costas..., doença, silêncio, abandono, não sei... Minha alma sofria demasiadamente; a lembrança do mundo, da liberdade..., me oprimia... Meus pensamentos eram tristes, sombrios, eu me via sem o amor de Deus, esquecido pelos homens, sem fé e sem luz. O hábito me pesava, eu sentia frio e sono, não sei, tudo se juntava."

"A escuridão da igreja me entristecia, olhava para o Santíssimo no sacrário e nada me dizia. Eu me via morto já em vida, eu me via trancado no mosteiro como o morto no sepulcro, pior que no sepulcro, pois ali pelo menos se pode descansar (...). A ideia de que eu estava sepultado em vida me obcecava, enlouquecia-me..., o demônio se esforçava em me fazer padecer com as lembranças do mundo, da luz, da liberdade, e me sugeria a alegria de viver... Os monges me pareciam almas penadas que também eram mortos-vivos, que sofriam o confinamento do sepulcro."

"[Os superiores proíbem que ele faça qualquer tipo de trabalho e mortificações, devido a seu estado de saúde, e a humilhação de viver sendo cuidado por gente entregue à austeridade deixa-o chateado e em sofrimento]:

É terrível esta vida inútil que eu levo (...). Nos meus confessores, superiores e professores, a única coisa que encontrei foi a prudência..., prudência e prudência; mandam-me comer, dormir e não trabalhar. Sou uma espécie de flor de estufa que nem cheiro tem."

"Terminando o café da manhã, levei meu pequeno fardo para passear na galeria da enfermaria. Uma tristeza muito grande se apoderou de mim; eu me vi tão enfermo, tão sozinho, tão fraco para sofrer o que Jesus me pede, que, sentando-me, cansado de tudo e de todos, chorei com pesar e angústia."

"Minha vida é a de um tolo no mosteiro."

CONCLUSÃO

A depressão é um transtorno da alma considerado grave e que acontece com frequência nas sociedades modernas. Devemos usar algumas diretrizes da psicologia e da espiritualidade para combatê-la ou para ajudar os demais a superá-la. É importante evitar frases de efeito e infelizes do tipo: "Vamos, ânimo, não é para tanto", "você tem de mudar suas atitudes" etc.

Como vimos, a pessoa não é responsável pela depressão que vive: pode ser que haja um desequilíbrio neurobiológico e, de qualquer forma, também os profetas bíblicos e santos da Igreja sofreram com ela.

Para aconselhar uma pessoa com depressão, é melhor escutar em silêncio e, se for o caso, auxiliá-la com estas diretrizes que contemplamos:

1. Explicar à pessoa que ela deve nutrir muita compaixão por si própria, e não dureza e autocrítica pelo fato de estar mal.
2. Existe uma mente reativa que prediz, analisa e... acaba esgotando a pessoa. É necessário reconduzi-la à confiança, à tranquilidade, sempre com carinho e paciência. Os níveis de serotonina da pessoa depressiva não dependem da força de vontade dela.
3. Podemos ajudá-la a recuperar seus valores íntimos, conferir se tem vivido ultimamente conforme a eles, pois afastar-se desses valores centrais pessoais é trilhar um caminho direto para a depressão.
4. Faz-se necessário ajudar a pessoa com o cuidar de si, dando prioridade ao físico: exercício, alimentação saudável e seus horários certos, passeios pela natureza etc. Não obrigá-la a nada: isso conforme vá recuperando a energia.
5. Convidemos a pessoa depressiva a ajustar, aos poucos, sua visão da realidade e aprender a aceitação e a tolerância com relação às coisas que não acontecem como queremos ou como havíamos planejado.

6. Convidá-la a ativar a conduta seguindo não tanto o que se espera dela, o que socialmente é conveniente, ou que continue cumprindo expectativas dos outros. Deve contribuir com seu talento pessoal e guiar-se pela consciência, procurando ser assertiva e lutar por seu espaço na vida.
7. É conveniente usar técnicas de atenção plena (*mindfulness*), que têm se mostrado especialmente potentes nos casos de depressão e ansiedade. Podemos vincular essa técnica a frases e valores do Evangelho.
8. É possível também lembrar a pessoa com depressão que numerosos santos e profetas bíblicos viveram o mesmo. Dessa maneira, validamos seus sentimentos e não passamos a ideia de que "você precisa se curar porque não é normal que se sinta assim". Melhor ainda, há de se validar os sentimentos da pessoa depressiva, dizendo: "É normal que se sinta assim, outros se sentiram da mesma forma, sendo alguns deles santos e personagens da Bíblia".

Este livro foi composto com as famílias tipográficas Caviar Dreams e Sabon
e impresso em papel Book Ivory 65g/m² pela **Gráfica Santuário.**